全国老年大学统编教材

老年人五禽戏教程

陈永存　康勇　编著

人民邮电出版社
北　京

图书在版编目（CIP）数据

老年人五禽戏教程 / 陈永存，康勇编著. -- 北京：
人民邮电出版社，2023.8
ISBN 978-7-115-61943-3

Ⅰ. ①老… Ⅱ. ①陈… ②康… Ⅲ. ①五禽戏（古代体
育）－教材 Ⅳ. ①G852.9

中国国家版本馆CIP数据核字(2023)第121123号

免 责 声 明

作者和出版商都已尽可能确保本书技术上的准确性以及合理性，并特别声明，不会承担由于使用本出版物中的材料而遭受的任何损伤所直接或间接产生的与个人或团体相关的一切责任、损失或风险。

内 容 提 要

本书为全国老年大学统编教材，是专门为老年人设计的五禽戏入门学习指导书。本书首先介绍了五禽戏的历史发展、招法特点和练习要点等基础知识，然后采用真人演示、分步图解的形式，分别对五禽戏基本动作、五禽戏十式及五禽戏十三式的练习方法和要点进行了细致讲解。无论是热爱五禽戏的入门练习者，还是久练者，都可以从本书中找到想要的知识和技法。

- ◆ 编　　著　陈永存　康　勇
  　　责任编辑　林振英
  　　责任印制　彭志环
- ◆ 人民邮电出版社出版发行　　北京市丰台区成寿寺路 11 号
  　　邮编　100164　电子邮件　315@ptpress.com.cn
  　　网址　https://www.ptpress.com.cn
  　　北京捷迅佳彩印刷有限公司印刷
- ◆ 开本：787×1092　1/16
  　　印张：7　　　　　　　　　2023 年 8 月第 1 版
  　　字数：107 千字　　　　　 2023 年 8 月北京第 1 次印刷

定价：38.00 元

读者服务热线：(010)81055296　印装质量热线：(010)81055316
反盗版热线：(010)81055315
广告经营许可证：京东市监广登字 20170147 号

全国老年大学统编教材
编委会

老年人体育活动指导系列图书
编委会

总序

　　由中国老年大学协会组织编写的全国老年大学通识课程教材即将面世，这是我国老年教育和老年大学发展史上一件具有开创性意义的举措。

　　我们国家的老年教育，在党和政府的高度重视以及社会各界的广泛参与下，适应了老龄社会发展和老年群体需求，一直保持着健康快速的发展态势，并逐步取得了令世人瞩目的巨大成就。党的十八大以来，习近平总书记多次发表重要讲话，指出人口老龄化事关国家发展全局和亿万百姓福祉。强调要坚持党委领导、政府主导、社会参与、全民行动相结合，推动老龄事业全面可持续发展。党中央、国务院陆续公布实施的《老年教育发展规划 (2016—2020 年)》《老龄事业 "十三五" 规划》《加快推进教育现代化实施方案 (2018—2022 年)》等重要文件，对做好老龄工作、发展老龄事业做出了新的重大部署，对老年教育发展制定了明确的规划，有力地推动了我国应对人口老龄化的全面工作。目前我国老年教育的发展和老年大学的工作，已经呈现出党政主导、社会参与、多方支持的大好局面。

　　中国老年大学协会作为国家民政部所属的社会组织，自 1988 年 12 月成立以来，认真贯彻落实党和政府关于老年教育的方针政策，充分发挥桥梁纽带和凝聚作用，广泛联系各地老年大学、老年学校，大力宣传 "增长知识、丰富生活、陶冶情操、促进健康、服务社会" 的老年大学办学宗旨，促进各地老年大学、老年学校在办学原则、培养目标、专业设置、课程安排、学校管理等一系列重大办学方向问题上统一思想，形成共识，对我国老年教育事业的巩固与提升，发挥了导向性的作用。特别是积极贯彻党的十八大、十九大精神，落实新时代老年教育规划目标任务，组织老年大学认真学习习近平新时代中国特色社会主义思想，探讨老年教育发展的新机制和新路径，开创老年教育发展的新格局，推动老年大学工作迈上了一个新台阶。协会自身发展也进入了一个新阶段。

建立并逐步完善科学、适用、可行的老年大学特色课程体系，设计、构建与社会发展大环境相匹配的具有老年大学特色的通识教材，是中国老年大学协会一直坚持的目标，也是众多老年大学、老年学校一致的企盼。首批五本通识教材——《树立和培育积极老龄观》《新时代老年大学校长读本》《老龄金融》《老年健康教育与管理》《老年人权益保障法律实务》——从选题立意到内容编排，都体现出创新意识和独特见解，令人耳目一新，为之一振。希望老年同志们从中汲取营养，幸福地度过晚年；希望中国老年大学协会再接再厉，为老年人做出应有的贡献！

顾秀莲

2020 年 8 月

序

　　近年来，随着老年人口数量的不断增大，我国陆续发布了《"健康中国 2030"规划纲要》《关于促进养老托育服务健康发展的意见》《全民健身计划（2021—2025 年）》《"十四五"国家老龄事业发展和养老服务体系规划》《"十四五"健康老龄化规划》等政策文件，以引导和促进实现积极老龄观和健康老龄化。这些政策文件中指出了可通过指导老年人科学开展各类体育健身项目，将运动干预纳入老年人慢性病防控与康复方案，提供文化体育活动场所，组织开展文化体育活动等措施支持老年人参与体育健身，丰富老年人的精神文化生活，全面提升老年人的身心健康水平与生活品质。

　　与此同时，作为我国老年人教育事业的重要组成部分，老年体育教育承担着满足老年人的体育学习需求，丰富老年教育的内容和形式，以及不断探索老年教育模式的责任，可长远服务于积极应对人口老龄化、实现教育现代化和建设学习型社会。

　　在上述背景下，人民邮电出版社有限公司作为建社 70 周年的综合性出版大社，同时作为全国优秀出版社、全国文明单位，围绕"立足信息产业，面向现代社会，传播科学知识，服务科教兴国，为走中国特色新型工业化道路服务"的出版宗旨，基于在信息技术、摄影、艺术、运动与休闲等领域的领先出版资源、经验与地位，策划出版了"老年人体育活动指导系列图书"（以下简称本系列图书）。本系列图书是以指导老年人安全、有效地开展不同形式体育活动为目标的老年体育教育用书，并且由不同体育领域的资深专家、学者和教育工作者担任作者和编委会成员，确保了内容的专业性与科学性。与此同时，本系列图书内容覆盖广泛，其中包括群众基础广泛、适合个人习练或进行团体表演的传统武术与健身气功领域，具有悠久传承历史、能够极大丰富老年生活的棋牌益智领域，包含门球、乒乓球等项目在内的运动专项领域，旨在针对性改善慢性疼痛、慢病预防与控制、意外跌倒等老年人突出健康问题的运动功能改善训练领域，以及涵盖运动安全、运动营养等方面的运动健康科普领域。

　　本系列图书在内容设置和呈现形式上充分考虑了老年人的阅读和学习习惯，一方面严格按照循序渐进的原则进行内容讲解，另一方面通过大图大字的方式分步展示技术动作，同时附赠了扫码即可免费观看的在线演示视频，以帮助老年人降低学习难度、提高训练效果，以及为相关课程的开展提供更丰富的教学素材。此外，为了更好地适应和满足老年人日益丰富的文化需求，本系列图书将不断进行内容和形式上的扩充、调整和修订，并努力为广大老年读者提供更丰富、更多元的学习资源和服务。

　　最后，希望本系列图书能够为促进老年体育教育发展及健康老龄化进程贡献微薄之力。

目录

第一章

五禽戏的基础知识

历史发展

模仿动物的养身之道

五禽戏是从我国古代流传下来的一种健身运动。相传上古之时，中原大地被洪涝灾害所祸，许多人患上关节类和筋骨类的疾病。为了舒缓病症，强身健体，古人创制了一种模仿飞禽走兽的动作与神态的运动，这就是五禽戏的渊源。《庄子》中记录了与这种运动相关的内容："吹呴呼吸，吐故纳新，熊经鸟申，为寿而已矣。"在长沙马王堆三号汉墓出土的《导引图》中，也有很多模仿动物姿势内容，这也与五禽戏有密切的关系。

到了三国时期，名医华佗将这些模仿飞禽走兽的动作进行了总结和创编。这在我国多部史书中均有记载，例如西晋陈寿所著的《三国志·华佗传》记载："吾有一术，名五禽之戏，一曰虎，二曰鹿，三曰熊，四曰猨（猿），五曰鸟。亦以除疾，并利蹻（蹄）足，以当导引。"南北朝范晔所著的《后汉书·华佗传》中也有类似记载。但遗憾的是，虽然这些史书的记载说明五禽戏由华佗所创，但并没有华佗本人所著文献或流传图谱、文字对此加以佐证。

以文字记述五禽戏具体动作的文献最早见于南北朝名医陶弘景所著的《养性延命录》，它详细描述了"虎戏""鹿戏""熊戏""猿戏""鸟戏"这五种动作的具体姿态，以及肢体做各种动作的次数。到了明清时期，明代周履靖的《赤凤髓》、清代曹无极的《万寿仙书·导引篇》、清代席锡蕃的《五禽舞功法图说》等著作中，更是以图文结合的形式，详细生动地描述了五禽戏的练习方法。

五禽戏发展到今天，已经形成了众多流派，如外功型、内功型、散手技击型和舞蹈型等。每个流派都有各自的风格和侧重点，但均是在五禽动作的基础上，结合自身特点而形成的。

招法特点

在长期的发展过程中，五禽戏的动作不断被提炼改进，被设计得更符合现代人体运动学规律。

动作平衡，易于练习

五禽戏发展至今，动作逐渐变得简单易学，左右对称的招式也有利于身体平衡能力的发展，使广大群众练习起来更加便利有效。个人在练习五禽戏时，可以根据自身情况，灵活调节每戏动作的运动强度、幅度和时间，既可针对身体某个部位单练或多练某戏，也可在身体允许的情况下将五戏都练一遍。在练习的过程中，可以对动作进行细化、精化，或进行扩展，还可以将动作与呼吸、意念相结合，循序渐进。

以形引气，以气养意

五禽戏讲求"导气令和，引体令柔"。"导气令和"是指通过引导令呼吸通畅，"引体令柔"是指通过肢体运动使

关节灵活、肌肉强健、韧带柔软。练习五禽戏，即效仿五种禽形，并结合内在的呼吸意识，达到意气相随、内外合一的目的。练习时应在姿势正确的前提下，保持肌肉放松、意念放松，避免僵硬软塌。

动静交替，练养互补

五禽戏以动为主，在每戏过程中要使肢体尽量舒展，筋骨尽量活络，内在则保持气沉丹田，意念充沛，自然通畅，是为外动内静。在预备式、收势或两戏的过渡势上，练习者配以短暂的静功站桩，由动态进入较为平和的静态，调整心神，但是内在的气息运转和意念转换要连续，不能停顿，是为外静内动。动静两者有机结合、交替运行，达到练养互补、同时兼顾，从而使练习效果逐步提升。

练习要点

不论是初学者，还是久练者，都要在进行五禽戏练习时注意形态、神韵、意念和气息。即便暂时无法达到较高的境界，练习者也要有所了解，随着练习的由浅入深，不断地加深体会。

形态

形态就是练习时的姿势。古人云"形不正则气不顺，气不顺则意不宁，意不宁则神散乱"，由此可见形态在练习时的重要性。预备式要求头正身直，含胸垂肩，身体自然放松，意识亦要放松，呼吸均匀。练习者对每戏的动作要充分理解其名称含义、每式造型，努力做到动作标准且规范，尤其是注意动作的高低、起伏、进退、缓急和轻重，方能达到形体柔和、关节灵活的目的。

神韵

五禽戏与其他健身运动的不同之处就在于"戏"，戏就是戏耍、游戏的意思。外在模拟五禽的形态，内在掌握五禽的神韵，进入戏的境界，才能使模拟的形态更为真实。虎的威猛、鹿的迅捷、熊的沉稳、猿的灵动、鸟的轻盈，只有理解了五禽的内在神韵，并将其贯穿于练习的过程中，方能获得良好的练习效果。

意念

《黄帝内经》有云："心者，五脏六腑之地，忧愁则心动，心动则五脏六腑皆摇。"这里的心并非心脏，而是大脑中的意念，也就是人的思维和情绪。在练习五禽戏时，要排除杂念，将负面情绪和思想都赶出脑外，集中意念于练习上。做预备式要心神宁静，每种戏开始时要想象自己就是这种动物，在每种戏结束时则要收敛心神，并转换思想，为下一戏做准备。

气息

气息指练习时对呼吸的调节和锻炼，是练习者在练习过程中不断探索、体会、运用并最终寻找到最符合个人身体状态及与每戏动作相适应的呼吸方法。古人有云"使气则竭，屏气则伤"，意为过度用气则力竭，刻意憋气则伤身，练习者应以此为戒。对于初学者而言，应在掌握动作形体并达到舒适、标准的基础上再调养气息，放松身体和意念，将精力专注于调整呼吸，配合五禽戏的呼吸规律，不能过量呼吸或用劲呼吸，以缓慢均匀、深长悠远、不徐不疾的呼吸为宜。

第二章

五禽戏的基本动作

动作含义

五禽戏是模仿虎、鹿、猿、熊和鸟五种动物的形态而成的。每戏的练习动作不论从内在呼吸还是从外在形体，都对身体颇有裨益。

虎

虎乃百兽之王，生性凶猛，至刚至阳，无所不摧。练习虎戏就要犹如猛虎一般精气神充沛，双目炯炯有神，以臀部为发力点，促使躯干扭动有力，双手呈虎爪状，能伸能缩，蓄势待发。虎戏动作的变化兼具刚柔特性，柔中有刚、刚中藏柔、外刚内柔、刚柔并济，动则如雷霆撼天，静则如泰山稳固。

鹿

鹿长寿，静立时喜挺身眺望，活动时善奔走，左顾右盼，且喜抵角戏耍，体态轻盈，关节灵活，自由奔放。练习鹿戏时以骶骨带动脊柱和颈项，使动作敏捷灵动，静时神态安详静谧，动时则轻快跳跃。

猿

猿生性好动不喜静，爱跳跃攀枝，动作灵活，会三闪六躲，可避袭击，且拘身缩脖，歪头侧脑，活力无限。练习猿戏时要外练肢体敏捷灵活，内练心神，以外动内静、动静相合为理想境界，达到进可攻、退可守的目的。

熊

熊从外观上看笨拙，行动亦缓慢拖沓，左摇右晃，实则力气无穷，有拔树撼山之劲力、搏狼斗虎之勇猛，且有灵敏轻捷的一面，如善爬树、善捉鱼，所谓外柔内刚、粗中有细正是此意。练习熊戏时要以憨厚稳重、自然沉静为要领，行则外笨内灵，静则气沉丹田，将沉稳与灵敏合于一身。

鸟

鸟戏由鹤形演化而来，鹤以长寿著称，有"松鹤延年"之说，动时能走善飞，顶风击浪，静时单腿独立，屈颈四顾。练习鸟戏要身形挺拔昂然，体态轻盈，神态安详、悠然自得，动作要顺势而为，缓慢深长，富有节奏，四肢与躯干、头颈的动作要协调呼应，不论是飞翔姿态还是屈伸动作，开则伸颈运腰，合则含胸松腹。

2 基本动作

身姿

● 虎势

● 鹿势

● 猿势

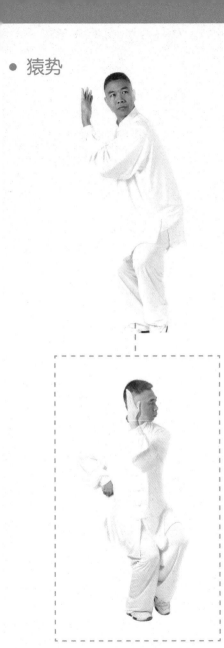

● 熊势

● 鸟势

手姿

● 虎爪

　五指张开，手指弯曲内扣。

● 鹿角

　拇指伸直外张，食指、小指伸直，中指、无名指弯曲内扣。

● 猿勾

　五指指腹捏拢，屈腕。

● 熊拳

　拇指压在食指指端上，其余四指弯曲并拢，虎口撑圆。

● 鸟翅

　首先五指伸直，然后食指和小指翘起，中指和无名指并拢且微微向内。

● 握固

　拇指抵掐无名指根节内侧，其余四指屈拢收于掌心。

● 弓步

　　双腿前后开一大步，保持一定距离，左腿或右腿屈膝前弓，大腿斜向地面，脚尖向前。另一条腿自然伸直，脚跟蹬地，脚尖内扣，全脚掌着地。

● 虚步

　　左脚或右脚向前迈出，脚跟着地，脚尖上翘。另一条腿膝弯曲，脚尖斜向前方，全脚掌着地。重心落于此腿上。

● 丁步

　　双脚分开，双腿屈膝下蹲，左脚或右脚脚跟提起，脚尖虚点地面，另一只脚踏实地面。

● 马步

　　双脚左右分开，间距大于双肩，脚尖朝前，屈膝半蹲，腰背保持挺直。

● 虚步

　一条腿屈膝抬起
90度，支撑腿屈膝，
抬起腿向前平步落地。

● 歇步

　双腿交叉屈膝半
蹲，前脚脚尖外展，
后脚脚尖朝前。

● 独立步

　左腿或右腿自然
站立，另一条腿屈膝
抬起，抬至膝盖高于
腰部，小腿下垂。

● 横档步

　双腿开立，一只
脚的脚尖外展45度，
同侧腿屈膝前弓，另
一条腿自然伸直。

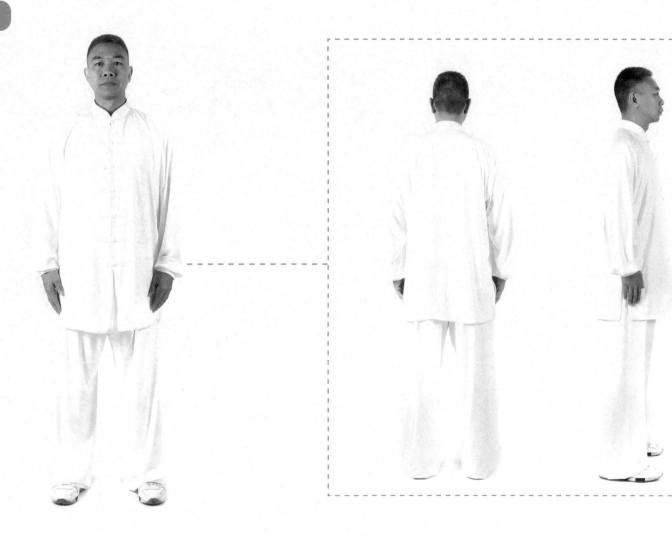

● 身形

　　头要保持正中，不要摆动；颈要自然伸直，不要伸缩；肩部放松，不要耸肩，双肩同高；胸部要舒松，不要挺胸和含胸；背部要挺拔舒展，不要弓背；双腿自然站立，不要僵直，也不可以左右外旋。

第三章

五禽戏十式

预备式

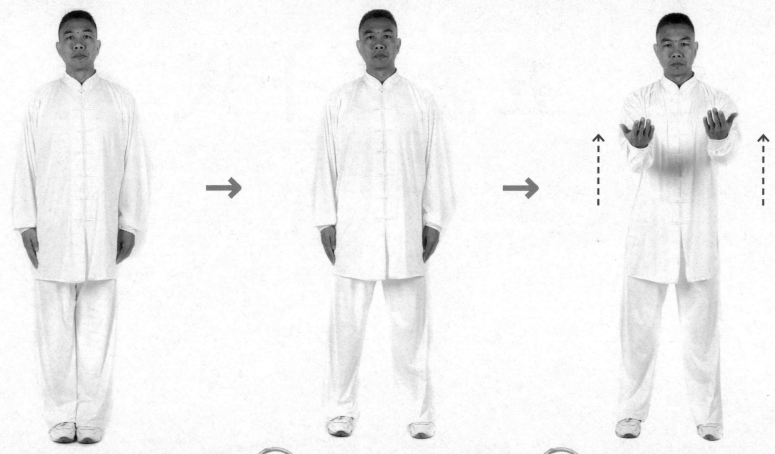

 双脚并拢站立，双手自然贴于身体两侧，目视前方。

 左脚向左开立一步，约与肩同宽。

 双手在体前向上抬起，直到与胸同高。

锻炼原理或功效 ───────

● 心神宁静，调整呼吸，端正身形，为之后的练习做好准备。

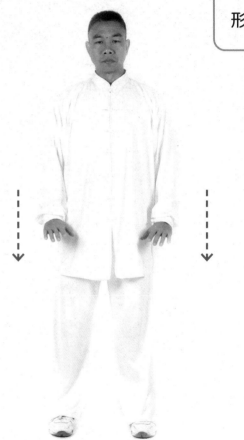

 双掌向内翻掌，掌心朝下，缓缓下按。

 双掌于腹部翻掌向上抬起，上抬与下按的动作重复两次，最后双手自然贴于身体两侧。

虎戏之虎举

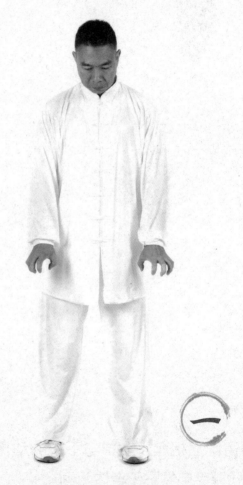

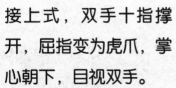

接上式，双手十指撑开，屈指变为虎爪，掌心朝下，目视双手。

双手由体前向上抬起，同时双手手指依次弯曲变为握拳。

动作要领

虎戏要体现出虎的威猛。威生于爪，收缩有力，神威并重，气势凌人。动作要做到刚中带柔、柔中生刚、外刚内柔、刚柔相济。

动作要领

在动作过程中眼睛随着手掌上下移动。眼随手动，动作配合呼吸，上举吸气，下落呼气。

三 双手经过肩前时，十指撑开变为虎爪，举过头顶，同时抬头目视双掌。

四 双臂内旋，双手由虎爪变拳，屈臂置于肩前，拳心朝内，指关节相对。

21

五禽戏十式 ▼ 虎戏之虎举

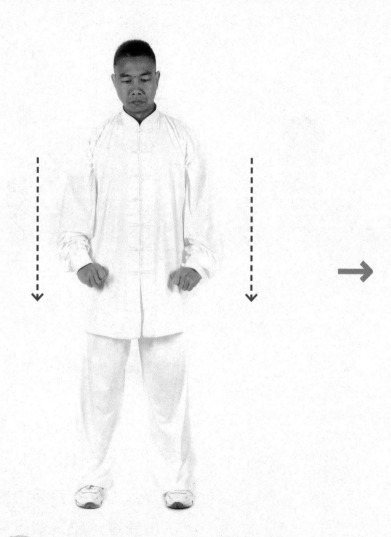

•手从虎爪变拳，可增强握力，促进上肢远端关节的血液循环。

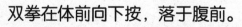 双拳在体前向下按，落于腹前。

 动作重复三次，最后双手自然贴于身体两侧。

虎戏之虎扑

 接上式，双手握空拳，沿身体两侧提到胸部高度。

 上身前倾，同时手臂前伸，双手手指撑开，弯曲变为虎爪，掌心朝前，抬头目视前方。

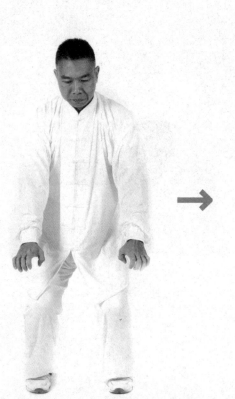

→

→

 双腿屈膝下蹲，同时双手向下划弧至膝盖两侧，掌心朝下，目视下方。

 调整站姿，双腿伸膝，挺腹，上身后仰，同时双手由虎爪变为空拳，沿身体两侧提至胸部高度。目视前上方。

五 左腿屈膝抬起，同时双臂提肘抬臂。

锻炼原理或功效

● 虎扑通过前后伸展拉伸脊柱，尤其是引腰前伸，增强了脊柱各关节的柔韧性和伸展性，有助于脊柱保持正常的生理弧度。

● 脊柱运动能够增强腰部肌肉力量，有助于预防常见的腰部疼痛和损伤。

 左脚向前迈一步，脚跟着地，右腿屈膝，双手变为虎爪向下扑至左膝两侧，目视前下方。

 将迈出的脚收回，身体逐渐挺直，双手收至身体两侧。

 重复前面的步骤，不同的是，迈出的脚为右脚。完成后，双脚并拢，双手自然贴于身体两侧。

3

鹿戏之鹿抵

动作要领

鹿戏动作以轻盈舒展、悠闲雅静为主。做动作时，想象自己置于群鹿中，在山坡、草原上自由活动。

 接上式，双腿分开约与肩同宽。

 双腿微屈，左脚经过右脚内侧向左前方迈一步，脚跟着地，同时身体向右侧转动，双臂一同向右侧抬起至右臂与肩齐平，左臂略低于肩，双手握空拳，拳心朝下，头部转向右侧，目视右侧。

 重心前移，左脚踏实，右腿伸直，同时身体左转，目视后方。双拳在转体过程中由拳变为鹿角，右手沿向上、向左、向后的顺序划弧，左手向左、向下、向后划弧，双手掌心朝外。

 左腿收回，双臂按原路线向下，恢复准备姿势。

27

 双腿微屈，右脚向右前方迈步，脚跟着地，同时身体向左侧转动，双臂向左侧抬起，左臂与肩齐平，右臂略低于肩，双手握空拳，头部转向左侧。

 重心前移，右脚踏实，左腿伸直。同时身体右转，目视后方，双拳在转体过程中由拳变为鹿角，随转体向右后方伸出。

 右脚收回，身体回正，双手下按至身体两侧，掌心向下。

鹿戏之鹿奔

动作要领

动作过程中重心前后移动，双臂保持不动。配合呼吸，身体后坐时吸气，重心前移时呼气。

 接上式，左脚向前迈一步，屈膝呈左弓步，同时双手握空拳，向前抬起至体前，与肩同宽同高，拳心朝下，目视前方。

 重心稍后移，右腿屈膝，低头，弓背，收腹，同时双臂内旋，双手变为鹿角。

29

→

→

 重心后移，左脚脚尖向上抬起，左腿伸直，右腿屈膝。头部向下，上身弓起。同时双臂继续内旋，双手掌心向外，手背相对。

 左脚收回，双手回收，由鹿角变为握空拳，拳心向前，双膝微屈，目视前方。

五 开步直立，双拳变为掌落回身体两侧，目视前方。

 六　右脚上前迈步，屈膝呈右弓步。双手握空拳提起至与肩同高，拳心向下，目视前方。

七　重心稍后移，左腿屈膝，低头向下，弓背收腹，双臂稍内旋，双手变为鹿角。

八　重心后移，右脚尖提起，右腿伸直，左腿屈膝。双臂继续内旋，双手手背相对，低头，弓背。

→

→

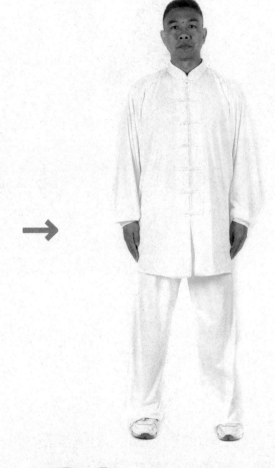

 收回右脚，双手变掌，向身体两侧移动，与胸同高，掌心朝上。

十 屈肘，双掌内合下按。

十一 双手自然贴于体侧，目视前方。

熊戏之熊运

 接上式，双手握成熊拳，拳眼相对，垂于下腹前，目视双拳。

 身体以腰腹为中心，上身摇摆做顺时针动作。同时双拳沿右肋部、上腹部、左肋部、下腹部划弧，目光随着上身摇摆环视。

双拳腹前划弧
要与上身摇摆
的动作同步。
动作配合呼吸，
身体上提时吸
气，身体前倾时
呼气。

动作要领

三 继续沿顺时针方向摇摆上身。

四 继续摇摆，双掌姿势保持不变。

锻炼原理或功效 ⎯⎯

● 熊运通过活动腰部关节，起
到预防腰肌劳损和软组织损伤
的作用。

→

双拳下落于腹前，目视前下方。

双拳变为掌，自然落下，贴于身体两侧，目视前
方。随后，反方向再重复上述步骤。

熊戏之熊晃

提腿的顺序为提髋、起腿、屈膝。双脚迈出时重心要前移，脚掌要踏实，体现出熊步的沉稳。

 接上式，身体重心右移，左脚离地，左膝向上提，双手变为熊拳，目视左前方。

 身体重心前移，左脚向左前方落地呈左弓步，左臂内旋移到体前，左拳在左膝外侧，拳心朝后，右臂向后摆动至右腿外侧，右拳拳心朝左，目视前下方。

 身体向左转动，重心向后，右腿屈膝，左腿伸直，右臂向前摆动，左臂向后摆动，直至左拳摆至体后。

 上身向右转，同时重心前移，左腿屈膝，右腿伸直，回到动作二，目视前下方。

 左腿伸直，右腿提膝，抬起右脚。

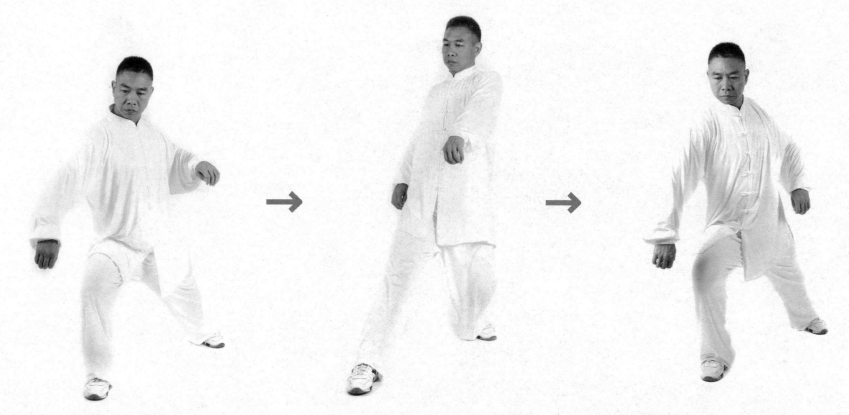

 右脚向右前方踏实，呈右弓步。右臂向前摆动，直至右拳在右膝外侧，拳心朝后，左臂向后摆动，目视前下方。

 身体向右转动，重心向后，左腿屈膝，右腿伸直，左臂向前摆动，右臂向后摆动，直至右拳摆至体后，拳心朝左。

 上身左转，同时重心前移，右腿屈膝，左腿伸直，右臂内旋移到体前，右拳在右膝外侧，拳心朝后，左臂向后摆动。

锻炼原理或功效

• 提髋行走，加上落步的震动，可强化髋关节周围肌肉的力量，提高自身平衡能力，有利于老年人预防髋关节的损伤。

左脚上前，上身回正，双腿略微屈膝站立。双手拳心向后缓慢收至体侧，目视前方。

双腿直立，双拳变掌，自然回到身体两侧。

猿戏之猿提

 接上式，双掌摆至体前，掌心朝下，手指分开，指尖朝前。

 双手向上提，过程中双手屈腕变为猿勾上提，目视左前下方。

 双手提至胸前，同时收腹耸肩，双脚脚跟抬起，头向左转动，目视左侧。

40

动作要领

按耸肩、收腹、提肛、脚跟离地、转头的顺序，配合呼吸，双手上提时吸气，下按时呼气。

 四　头转回正面，同时松腹落肩，双手的猿勾变回掌，掌心朝下，慢慢下落，目视前方。

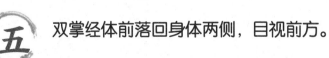 五　双掌经体前落回身体两侧，目视前方。

 双掌再次摆至体前,掌心朝下,手指分开,指尖朝前。

 双手变为猿勾上提,目视右前下方。

 双手上提至胸前,同时收腹耸肩,双脚脚跟抬起,头向右转动,目视右侧。

3

五禽戏十式 ▼ 猿戏之猿提

锻炼原理或功效

* 动作中由掌快速变为猿勾，意在增强神经、肌肉反应的灵敏性。
* 提踵直立，可增强腿部力量，提高平衡能力。

 猿勾变为掌，慢慢下落，掌心朝下。

 双掌经体前落回身体两侧，目视前方。

猿戏之猿摘

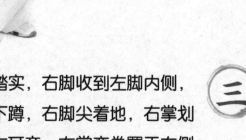

 接上式，左脚向左后方退步，脚尖点地，重心移至右腿，同时左臂屈肘，左掌收至左腰旁，右臂前摆，掌心朝下，目视右掌。

 左脚踏实，右脚收到左脚内侧，屈膝下蹲，右脚尖着地，右掌划弧至左耳旁，左掌变拳置于左侧腰部，目视右前方。

 右臂向下压，目视右掌。

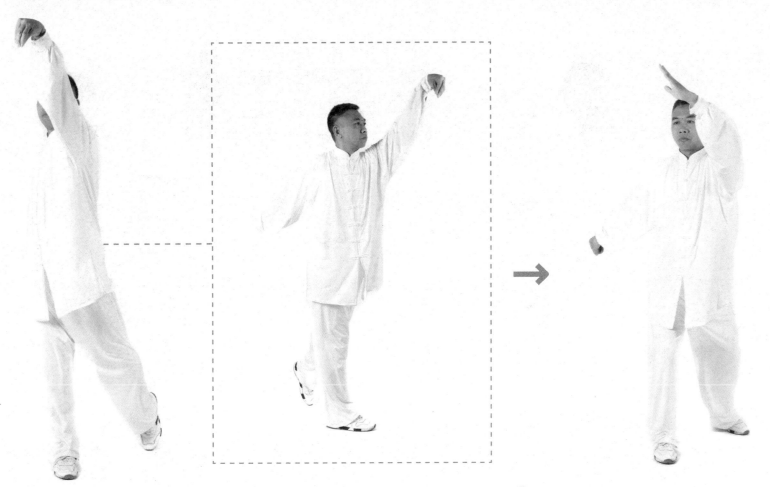

 身体右转，右脚向右前方迈一大步。左腿伸直，左脚脚尖着地，同时右掌经过体前向右后方划弧，并变掌为猿勾。左手向上摆，划至体前高于头顶，过程中左拳变为猿勾，而后屈腕变成采摘的姿势，目视左手。

 左脚踏实，重心后移；身体左转，左手的猿勾变掌，右手变拳，双手分别置于身体两侧，目视前方。

眼睛要随着手臂的动作而移动，从而体现出猿猴眼神的灵敏。向上采摘时，手掌变猿勾的动作要快。

动作要领

上身继续向左转动，同时右脚收到左脚内侧，半蹲，右脚脚尖触地。左臂屈肘，左掌至左耳旁，手指朝上。右手向上划弧至左肘下方，托住左肘，目视右侧。

右脚向右后方退步，脚尖着地，同时左手向前方下按，右手随之置于右侧腰部，目视前下方。

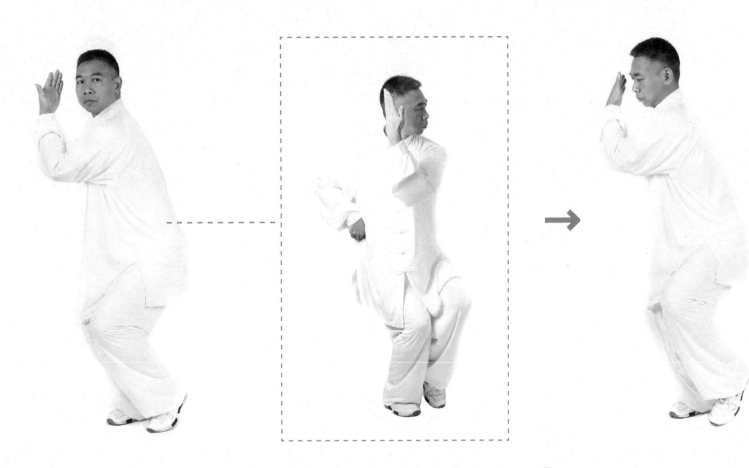

 右脚踏实，重心后移，左脚收到右脚内侧，半蹲，左脚脚尖着地，呈丁步。左臂屈肘，左掌划至右耳旁，右掌变拳置于右侧腰部，目视左前方。

 左臂向下压，目视左掌。

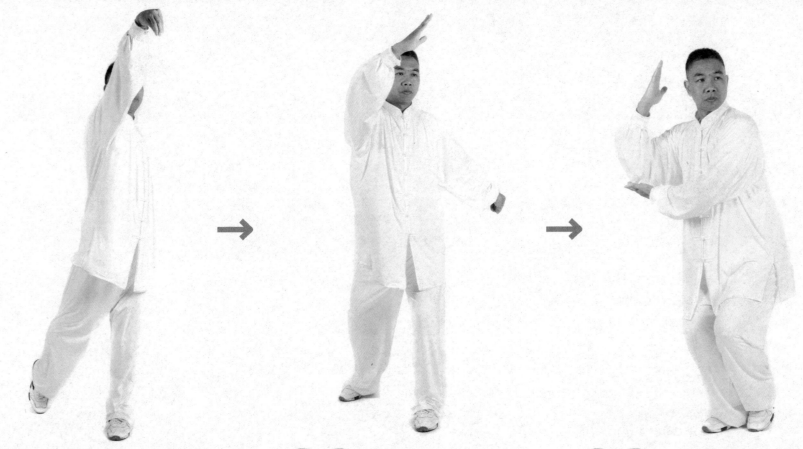

 身体左转，左脚向左前方迈步。右腿伸直，脚尖着地，同时左掌向左后方划弧，并变掌为猿勾，右手向上摆，右拳变为猿勾，目视右手。

十一 右脚踏实，重心后移，身体右转，右手的猿勾变掌，左手的猿勾变拳，双手分别置于身体两侧，目视前方。

 上身继续向右转动，同时左脚收到右脚内侧，半蹲，左脚尖触地，右臂屈肘，左手划弧至右肘下方。

 十三　动作重复一次后，双脚开立，双手自然贴于身体两侧。

 十四　双掌从身体两侧向上抬起至与胸同高，掌心朝上。

 十五　双臂内旋，双手掌心朝下，经体前向下按回至身体两侧。

鸟戏之鸟伸

 接上式，双腿屈膝微蹲，双掌交叉于腹前，目视双掌。

 双腿蹬直，双掌向上提起至头前上方，掌心朝下，指尖朝前，上身微微前倾，目视前方。

 双腿屈膝微蹲，双掌下按回到腹前，目视双掌。

 右腿伸直，左腿伸直向后抬起，同时双掌分开并变为鸟翅，向身体后方展开，掌心斜朝上，目视前方。

五禽戏十式 ▼ 鸟戏之鸟伸

锻炼原理或功效

• 双掌上举吸气，下按呼气，可加强肺的呼吸功能，增加肺活量，改善慢性支气管炎和肺气肿等病症。

 左腿放下，屈膝微蹲，同时双掌回到腹前交叉，目视双掌。

 双腿蹬直，双掌向上提起至头前上方，掌心朝下，指尖朝前，上身微微前倾，目视前方。

 双腿屈膝微蹲，双掌下按回到腹前，目视双掌。

 左腿伸直，右腿伸直向后抬起，同时双掌分开并变为鸟翅，向身体后方展开，掌心斜朝上，目视前方。

 重复完动作后，右脚放下，双脚开步站立，双掌回到身体两侧。

鸟戏之鸟飞

 接上式，双腿微屈，双手由掌变为鸟翅，掌心相对，置于腹前。

 右腿伸直，左膝上提，小腿自然垂放，脚尖朝下，同时双臂向两侧举起，高于肩，掌心朝下，呈展翅状，目视前方。

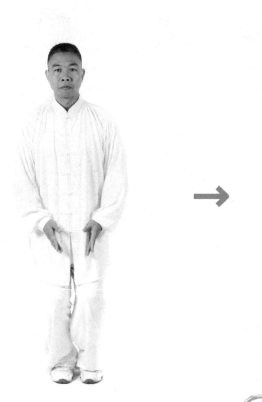

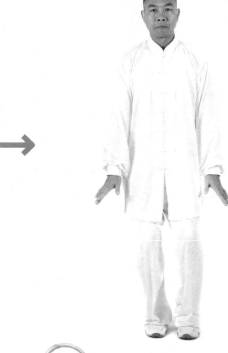

三　左脚落下，脚尖先着地，而后全脚踏实，同时双手从两侧落下至腹前，掌心相对，目视前方。

四　右腿伸直，左膝上提，同时双臂向上抬起至头顶上方，掌背相对，指尖朝上。

五　左脚落地，双腿微屈膝。双掌由上向下按至髋部两侧，目视前方。

 左腿伸直，右膝上提，同时双臂向两侧举起，高于肩，掌心朝下，呈展翅状。

 右脚落下，脚尖先着地，而后全脚踏实，同时双手从两侧落下至腹前，掌心相对，目视前方。

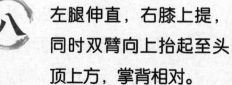 左腿伸直，右膝上提，同时双臂向上抬起至头顶上方，掌背相对。

锻炼原理或功效

- 双臂的上下运动可以改变胸腔容积，若配合呼吸运动，可以起到增强血氧交换能力的作用。

 右脚落地，双腿微屈膝。双掌由上向下按至髋部两侧，目视前方。

 双腿直立，双掌回到身体两侧。

收势

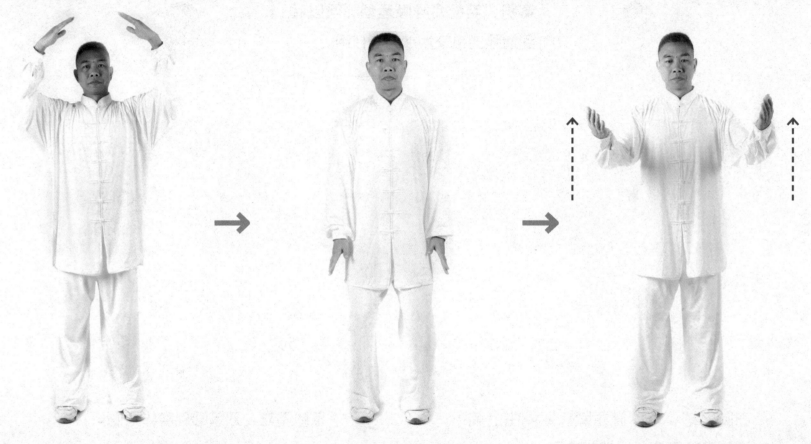

 接上式，双掌从身体两侧抬起至头顶上方，掌心向下，指尖相对。

 双掌下按，经体前向下按至腹前，目视前方。

 双掌在腹前翻掌并向两侧外展，掌心相对。

 四　双掌在腹前交叠，调整呼吸。

 五　双手在腹前停留一定时间后，双手抬起，在胸前搓掌。

六　将搓热的手掌贴于面部，上下摩擦。

锻炼原理或功效

• 收势就是使气息逐渐平和。

• 通过搓手、浴面，恢复常态。

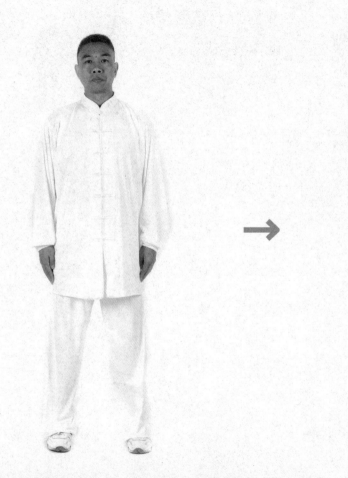

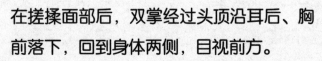 在搓揉面部后，双掌经过头顶沿耳后、胸前落下，回到身体两侧，目视前方。

 双脚并立。

第四章

五禽戏十三式

预备式

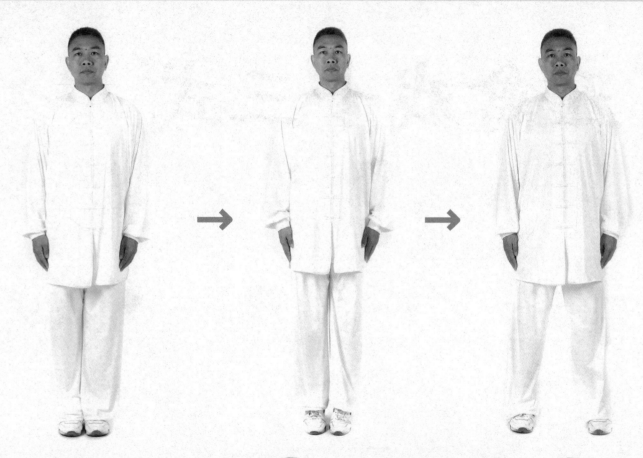

 双脚并立站稳，双手自然垂于身体两侧，目视前方。

 双脚脚跟抬起，放松身体，目视前方。

 双脚开立，并踏实，双脚间距约与肩同宽。

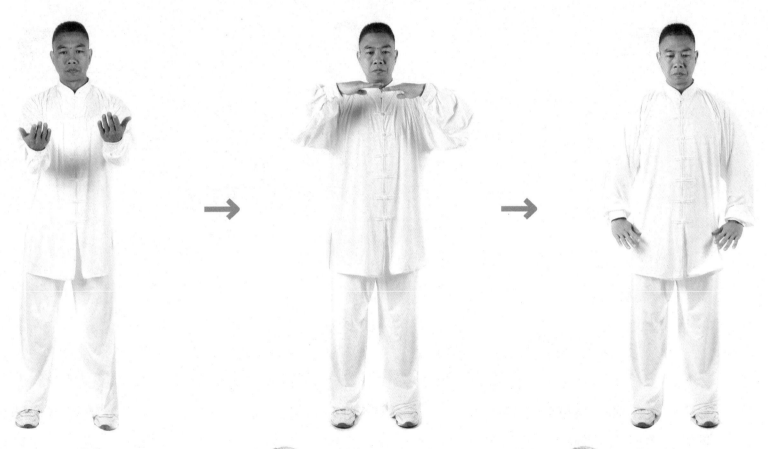

 双手在体前向上抬起，掌心向上，直到与胸同高。

 双手在胸前翻掌，掌心向下。

 双手下按，同时微微屈膝。

63

虎戏之坐洞运爪

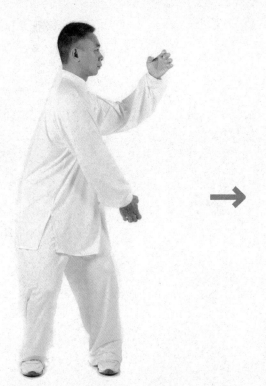

 接上式，屈膝，身体向左转，双手变为虎爪，同时左臂屈肘抬至手部约与额头齐高；右臂向下摆。

 身体向右转动，转身过程中，双手上下交替，右臂上划至手部约与额头齐高，左臂向下伸直。

 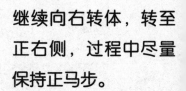 继续向右转体，转至正右侧，过程中尽量保持正马步。

动作要领

动作过程中，先转动脊柱，再带动手臂运动。要注意沉肩垂肘、缓慢呼吸。动作不宜过快，要做到协调一致、行云流水。

 四 向左转体。重复以上步骤三次，每次转体时双手上下交替位置。最后身体转至正右侧，双臂向右伸。

 五 身体转回正面，双臂向前伸置于胸前，双手掌心朝下。

 六 双掌向下按至腹前，双腿伸直。

虎戏之虎卧山洞

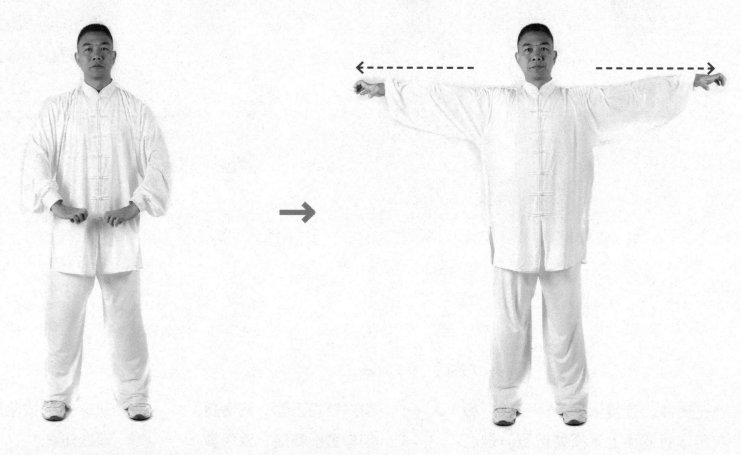

 接上式，双臂向身体两侧平举，与肩大致齐平，掌心朝下。

左脚上前一步，重心随之前移，脚尖先着地，而后全脚踏实。右脚跐起，身体向左后方转。

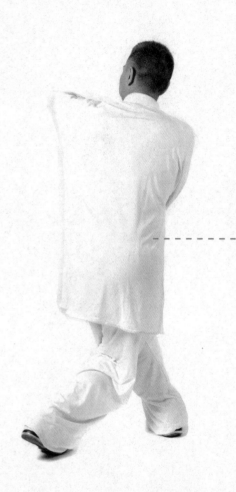

 双腿屈膝下蹲，双臂屈肘于体前上下交叠。

锻炼原理或功效

· 练习虎戏能达到缓解腰酸背痛等效果。

 左臂向左上方伸出，掌心朝后，右臂沿身体向后拉至手部位于胸前。

 双腿伸直，同时双手由爪变为掌，自然垂于身体两侧，转身回到正面。左脚回收，身体恢复为双腿直立的姿势。随后，反方向重复上述步骤。

调息式

 接上式，双臂向身体两侧抬起至胸部高度。

 双臂屈肘，双手在胸前翻掌，掌心朝下，指尖相对。

 双手经体前下按至胯部两侧，目视前方。

鹿戏之梅鹿伸腰

 接上式，双手由掌变为鹿角，屈肘，双手抬至两侧胸部下方，同时左腿提膝抬脚，脚尖朝前。

 双手抬至头顶上方，手指朝上，同时左脚踢出。

 双手从头顶上方划弧至侧举于身体两侧，与肩同高，掌心朝下，同时左脚向左划弧落下，目视前方。随后恢复初始姿势，换腿重复上述动作。

鹿戏之转颈运间

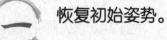 恢复初始姿势。

 以右脚为轴向右转，随后左脚向左侧踏一步，同时屈膝，双手变为鹿角，向左侧摆动至与肩同高的位置，双臂微侧伸，目视左侧。

 双手向右侧摆动，同时重心右移，
向右转髋。

 双手向右摆至与肩同高的位置，双臂微侧伸，
目视右侧。

 双手向左侧摆动，重心左移。

 双手向左摆至与肩同高的位置，双臂微侧伸，目视左侧。

锻炼原理或功效

• 练习鹿戏可以增强腰腹力量。

双臂反复向左右两侧摆动，重复三次。最后一次摆至左侧后，双臂下落。同时，以右脚为轴，身体左转至左侧面，同时左脚后撤，屈膝，双臂向右侧上方摆动，反向重复以上动作。

身体恢复直立姿势。

调息式

 接上式，双臂向身体两侧抬起并抬至胸部高度。

 双臂屈肘，双手在胸前翻掌，掌心朝下，指尖相对。

 双手经体前下按至胯部两侧，目视前方。

熊戏之黑熊探爪

 接上式，左脚向前方迈一步，脚跟先着地，而后踏实，重心后移，同时上身向右转，双手向右后方摆臂，掌心朝下。

 重心前移，上身左转，同时双臂向左侧平移，掌心朝下。

 上身继续左转，同时双臂向左侧平移，掌心朝下。

 手掌移至左侧后，重心稍后移。

 上身转向右侧，同时双掌经体前回到右后方。

 双臂向左平移，重复以上步骤三次。

 左脚收回，迈右脚，反方向重复以上动作，之后恢复直立姿势。

熊戏之笨熊晃体

 接上式，左脚向前迈一步屈膝踏实，右腿伸直，右脚跟抬起，同时双手由掌变为熊拳，左臂向前摆，右臂向后摆。

 重心后移，右腿屈膝，左脚脚尖抬起，双臂保持不动。

79

五禽戏十三式 ▼ 熊戏之笨熊晃体

 左脚踏实，右脚脚跟抬起，右臂前摆，左臂后摆回到胯侧。

 双臂向前后两个方向摆动，重复摆臂动作三次，最后收回左脚，恢复直立姿势。迈右脚重复动作。

调息式

 恢复直立姿势，双臂向身体两侧抬起并抬至胸部高度。

 双臂屈肘，双手在胸前翻掌，掌心朝下，指尖相对。

 双手经体前下按至胯部两侧，目视前方。

猿戏之白猿欢跳

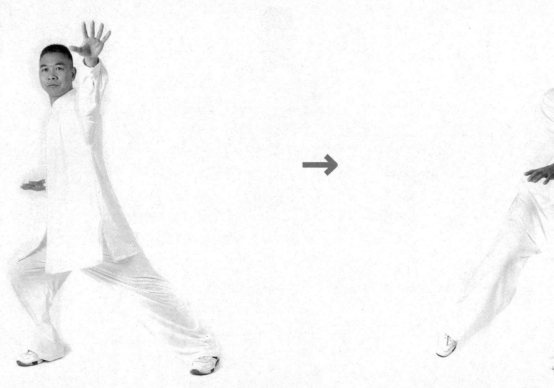

 接上式，重心移至右腿，右腿屈膝，左脚向左侧迈一大步，呈右弓步。同时左臂向前上方伸出，五指分开，右臂屈肘后拉置于右侧腰部，右手掌心朝下，目视前方。

 身体左转，右脚迅速抬起，重心向左移，双臂交叉于腹前。

 重心移至左腿，右腿提起，双手由掌变为猿勾。左臂屈肘，左手上提至左耳处；右臂向后，右手贴于身体右侧；目视右上方。

 右脚向右侧迈一大步，呈左弓步，过程中双手由猿勾变掌，右手向前上方伸至略高于肩，左臂屈肘置于左侧腰部，目视前方。

 身体右转，左脚迅速抬起，重心右移，双臂交叉于腹前。

 重心移至右腿，左腿提起，双手变为猿勾。左臂屈肘，左手贴于身体左侧；右臂屈肘，右手上提至右耳处；目视左上方。

 左脚向左侧落步，右腿抬起，右臂落下，左手上提至左耳处，目视右上方。

猿戏之白猿转身

 接上式，右脚向右后方落步，双臂保持不动，身体向右侧顺时针转圈。

 双臂保持不变，继续向右侧转圈，右脚继续向后落。

 继续向右侧转圈，右脚继续后落，双臂依然保持不变。

 转体一圈，同时双手呈猿勾置于胸前，目视前方。

 右脚向右前方迈一大步，呈右弓步，上身随之右转，双手呈猿勾置于胸前。

锻炼原理或功效

- 练习猿戏有利于促进血液循环以及增强心肺功能。

 六 重心左移，上身左转，左腿屈膝，双手由猿勾变为掌。

 七 左脚蹬地向上跳起，于空中右膝提起，双手变猿勾，右手向前方伸。

 八 双脚开步落地，屈膝半蹲，脚尖朝前，双手呈猿勾置于胸前，头向右转。

 九 头部转回正面，目视前方。

调息式

 接上式，恢复直立姿势，双臂向身体两侧抬起并抬至胸部高度。

 双臂屈肘，双手在胸前翻掌，掌心朝下，指尖相对。

 双手经体前下按至胯部两侧，目视前方。

鸟戏之飞鹤展翅

 接上式，左脚向左前方迈一步，屈膝，右腿伸直，右脚脚跟微微抬起，双臂向前方水平前伸，双手掌心相对。

 双臂向两侧打开，重心后移，左腿伸直，右腿屈膝，右脚踏实，左脚脚尖抬起，上身后坐。

89

4

五禽戏十三式 ▼ 鸟戏之飞鹤展翅

 重心前移，左脚踏实。

 左腿屈膝，右腿伸直，双臂随之向前摆臂至体前。

 重复以上步骤三次后，收回迈出的脚，恢复直立姿势。随后，反方向重复以上动作，再恢复直立姿势。

鸟戏之群鹤净身

 接上式，双手变为鸟翅，左臂前摆，重心前移，左脚向左前方迈一步，屈膝，右脚脚跟微微抬起，右腿伸直。

 左臂向前摆臂至手部略高于头。

 右脚踏实，上身后坐，左脚脚尖抬起，左臂屈肘后拉，右臂上抬，目视前方。

 左臂继续后拉，右臂继续上抬至超过头部。

 重心前移，左脚踏实，左腿屈膝，右腿伸直，左臂前伸并上摆至与肩齐平，右臂下压至体侧。

 重复以上步骤三次后，收回迈出的脚，恢复直立姿势。随后，反方向重复以上动作，再恢复直立姿势。

鸟戏之白鹤飞翔

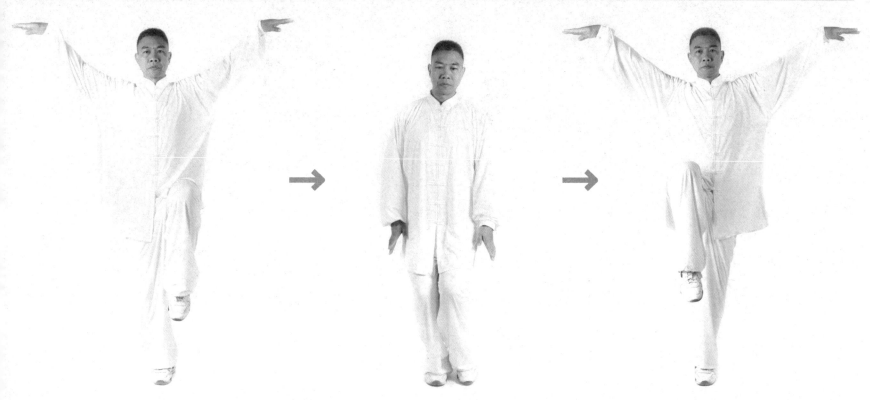

 接上式，双手由掌变鸟翅，双臂向两侧抬起，高于肩部，呈展翅状，掌心朝下，同时左腿提膝至大腿与地面平行，小腿自然垂落，脚尖朝下。

 双臂自然落下贴于身体两侧，同时右腿微屈膝，左脚脚尖着地。

 动作重复做三次后，换提右脚重复动作三次。最后将抬起的右脚落下，恢复双腿直立的姿势。

93

引气归元

 接上式，双臂从身体两侧抬起，掌心向前。

 双臂上抬至双手超过头顶高度，掌心相对。

 双手翻掌下按，掌心向下。

 双手自然收回至身体两侧，目视前方。

收势

动作要领

放松全身，呼吸保持自然，气沉丹田。

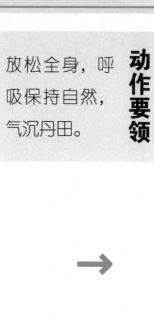

 双脚开立，约与肩同宽，双手垂于身体两侧。

 双掌提至胸前，搓掌，直到掌心发热。

 将发热的掌心贴在面部，上下摩擦。

 四 双手在面部摩擦完后，
经面部摩擦至头顶。

 五 双手由头顶沿耳后、颈部、
胸前向下摩擦。

 六 双手沿腹部、腿部继续向下
摩擦。

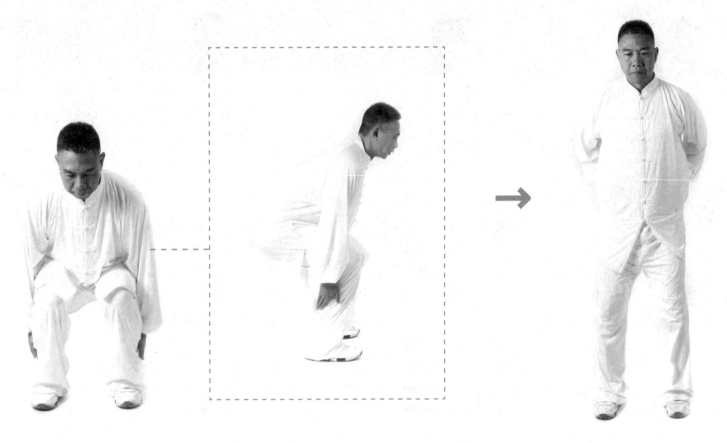

 身体下蹲，双手摩擦至小腿。

 起身，双手沿腿后侧摩擦至背后，并在背部敲击数下。

五禽戏十三式 ▼ 收势

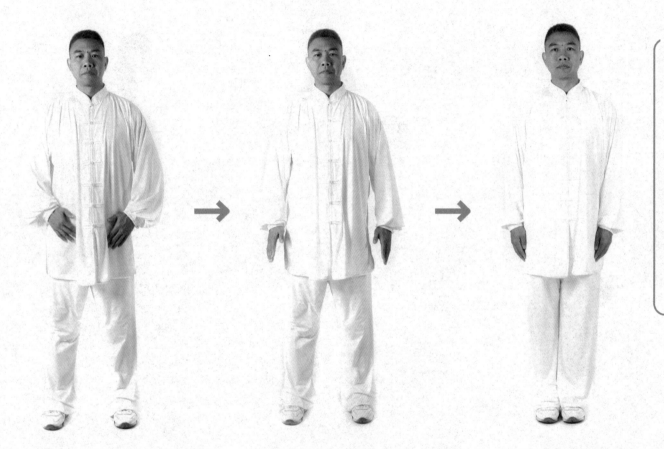

锻炼原理或功效

• 通过搓手、浴面和拍背等动作来放松全身肌肉和关节，进一步巩固练习成果，从而使练习者从练习的状态回到正常状态。

 双手从背后回到前腹，并拍打数次。

 双手垂于身体两侧。

 双腿并立，目视前方。